PAPIER FLIEGER

Schneller, höher, weiter!

EMF

EIN BUCH DER
EDITION MICHAEL FISCHER

INHALT

KUNSTFLIEGER

INHALT

EINLEITUNG

Papierflieger – jeder kennt sie, jeder liebt sie. Während du diese Zeilen liest, gleiten wahrscheinlich gerade tausende von ihnen überall auf der Welt durch die Lüfte. Ich erinnere mich noch lebhaft daran, wie ich als Kind mit meinen Freunden immer wieder und mit großer Begeisterung Papierflieger gebastelt und bemalt habe. Packende Wettkämpfe waren an der Tagesordnung: Welcher Flieger kommt am weitesten, welcher ist am schnellsten und am zielgenauesten, welcher macht die schönsten Loopings?

Die Anzahl existierender Modelle ist schlichtweg gigantisch. Es gibt die erstaunlichsten Formen mit den unterschiedlichsten Flugeigenschaften. Damit du in diesem luftigen Zirkus den Überblick behältst, habe ich mich hingesetzt und das vorliegende Buch „Papierflieger – schneller, höher, weiter!" zusammengestellt. Eine spielerische Lektüre für neugierige Neustarter und erprobte Vielflieger. Die Auswahl umfasst 25 einfache bis etwas schwierigere Modelle, vom Klassiker bis zum Designer-Jet. Allesamt echte Hingucker mit hohem Unterhaltungswert. Jedes Modell lässt sich aus einem herkömmlichen DIN-A4-Blatt falten und mit den beiliegenden, farbenfrohen Papierbogen macht es gleich doppelt so viel Spaß! Spezielle „Bordkarten" zeigen auf einen Blick die jeweiligen Flug-Eigenschaften der Modelle, illustrierte Schritt-für-Schritt-Anleitungen machen das Falten zum Kinderspiel und hilfreiche Tipps zu Flügelstellung und Abwurf sind natürlich auch dabei.

Spezielle Bücher mit Faltanleitungen hatten ich und meine Freunde damals übrigens nicht zur Hand. Und das Internet als solches war auch noch nicht geboren. So verbrachten wir einen Großteil unserer Zeit mit Ausprobieren und Austesten und waren leider häufig mit den Ergebnissen nur wenig bis gar nicht zufrieden. Möge dieses Buch deine Erfolgsquote deutlich nach oben schrauben!

Viel Spaß, viel Erfolg und guten Flug!

PFEILE
P-01–P-09

P-01//
PINOCCHIO

BORDKARTE

Dieses Modell hat eine lange, markante Nase sowie zwei „Nasenflügel" auf der Unterseite. Es ist einfach zu falten und ein guter Einstieg, um dich mit den Anleitungen und Illustrationen vertraut zu machen.

Faltung:	●○○○○	Flugdauer:	●●●○○
Abwurf:	●●●○○	Geschwindigkeit:	●●●○○
Coolnessfaktor:	●●●○○	Weite:	●●●○○
Flugbahn:	gerade	Höhe:	●●○○○

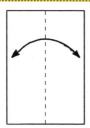

1.
Falte das Papier zunächst einmal der Länge nach mittig zusammen und wieder auseinander, sodass eine Mittellinie zu sehen ist.

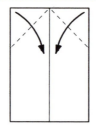

2.
Falte die beiden oberen Ecken diagonal bis fast an die Mittellinie.

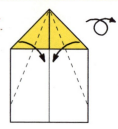

3.
Falte die beiden schrägen Außenkanten bis zur Mittellinie. Wende anschließend das Modell.

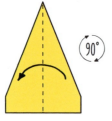

4.
Falte den Flieger entlang der Mittellinie zusammen (rechte Hälfte auf linke Hälfte) und drehe ihn um 90° im Uhrzeigersinn.

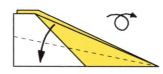

5.
Falte die lange Kante des ersten Flügels auf die Unterkante des Rumpfes. Wende den Flieger ...

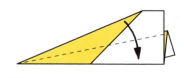

6.
... und falte den zweiten Flügel wie in Schritt 5 nach unten.

FLÜGELSTELLUNG & ABWURF

Die Flügel zeigen leicht nach oben, die Nasenflügel leicht nach unten. Den Rumpf in der Mitte anfassen und mit Schwung abwerfen.

7.
Richte die Flügel zum Schluss entsprechend der nachfolgenden Abbildung auf. Fertig!

P-02//
AMORS
PFEIL

BORDKARTE

Kraftvoll und anmutig bewegt sich dieser Flieger durch die Lüfte. Leicht aufgeklappt ähnelt er von oben der Form eines Herzens. Wer sich nicht verlieben möchte, geht also besser schnell in Deckung.

Faltung:	●●○○○	Flugdauer:	●●●●○
Abwurf:	●●○○○	Geschwindigkeit:	●●●○○
Coolnessfaktor:	●●●●○	Weite:	●●●●○
Flugbahn:	gerade	Höhe:	●●●●○

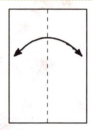

1.
Falte das Papier zunächst einmal der Länge nach mittig zusammen und wieder auseinander, sodass eine Mittellinie zu sehen ist.

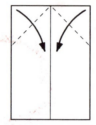

2.
Falte die beiden oberen Ecken diagonal bis fast an die Mittellinie.

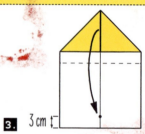

3. 3 cm
Falte die Spitze so weit nach unten, dass zwischen ihr und der Unterkante des Blattes noch ca. 3 cm Abstand bleiben.

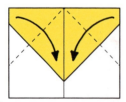

4.
Falte die beiden oberen Ecken diagonal bis fast an die Mittellinie.

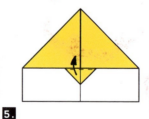

5.
Falte die untere Spitze nach oben.

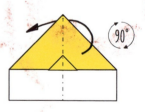

6.
Falte den Flieger entlang der Mittellinie nach hinten zusammen (rechte Hälfte hinter linke Hälfte) und drehe ihn anschließend um 90° im Uhrzeigersinn.

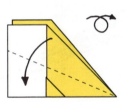

7.

Falte die lange Kante des ersten Flügels auf die Unterkante des Rumpfes. Wende den Flieger ...

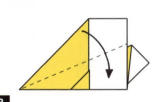

8.

... und falte den zweiten Flügel wie in Schritt 7 nach unten.

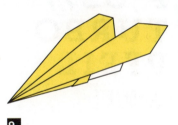

9.

Richte die Flügel zum Schluss entsprechend der nachfolgenden Abbildung auf. Fertig!

FLÜGELSTELLUNG & ABWURF

Die Flügel zeigen leicht nach oben. Den Rumpf in der Mitte anfassen und dann mit Schwung abwerfen.

P-03//
TURBO
PFEIL

BORDKARTE

In diesem ultraschlanken Modell steckt die geballte Power eines rasend schnellen Pfeils. Doch es ist gar nicht so leicht, diesen Flieger sauber hinzubekommen. Schuld ist die extrem spitz zulaufende Nase, bei der alle Faltungen aufeinandertreffen. Achtung: Nie in Richtung von Menschen oder Tieren werfen!

Faltung:	●●●●○	Flugdauer:	●○○○○
Abwurf:	●●●○○	Geschwindigkeit:	●●●●●
Coolnessfaktor:	●●●●○	Weite:	●●●●●
Flugbahn:	gerade	Höhe:	●●●●●

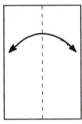

1.
Falte das Papier zunächst einmal der Länge nach mittig zusammen und wieder auseinander, sodass eine Mittellinie zu sehen ist.

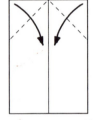

2.
Falte die beiden oberen Ecken diagonal bis fast an die Mittellinie.

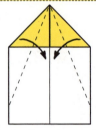

3.
Falte die beiden schrägen Außenkanten bis zur Mittellinie.

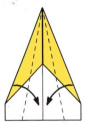

4.
Falte die beiden neu entstandenen schrägen Außenkanten wiederum bis zur Mittellinie.

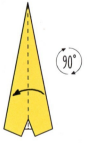

5.
Falte den Flieger entlang der Mittellinie zusammen (rechte Hälfte auf linke Hälfte) und drehe ihn um 90° im Uhrzeigersinn.

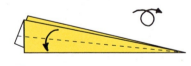

6.
Falte die lange Kante des ersten Flügels auf die Unterkante des Rumpfes. Wende den Flieger ...

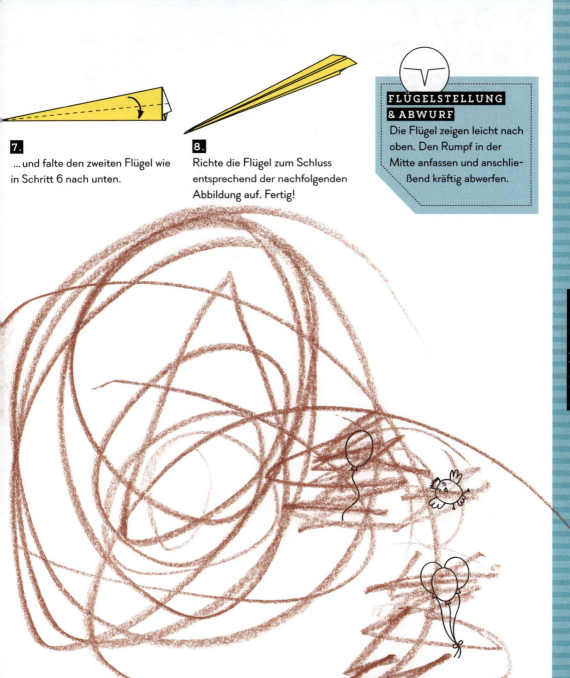

7.

... und falte den zweiten Flügel wie in Schritt 6 nach unten.

8.

Richte die Flügel zum Schluss entsprechend der nachfolgenden Abbildung auf. Fertig!

FLÜGELSTELLUNG & ABWURF

Die Flügel zeigen leicht nach oben. Den Rumpf in der Mitte anfassen und anschließend kräftig abwerfen.

11

P-04 //
TREPPEN
STEIGER

BORDKARTE

Einfach zu falten – schwer zu stoppen: Dieses Modell mit seiner stufenweise angelegten Spitze fliegt besonders elegant und stabil; vorausgesetzt, es wurde auch sauber gearbeitet.

Faltung:	●●○○○	Flugdauer:	●●●●○
Abwurf:	●●○○○	Geschwindigkeit:	●○○○○
Coolnessfaktor:	●●●●○	Weite:	●●●●○
Flugbahn:	gerade	Höhe:	●●○○○

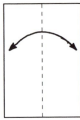

1.
Falte das Papier zunächst einmal der Länge nach mittig zusammen und wieder auseinander, sodass eine Mittellinie zu sehen ist.

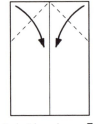

2.
Falte die beiden oberen Ecken diagonal bis fast an die Mittellinie.

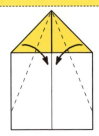

3.
Falte die beiden schrägen Außenkanten bis zur Mittellinie.

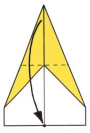

4.
Falte die Spitze des Fliegers auf den Mittelpunkt der Unterkante.

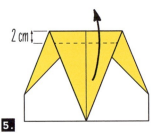

5.
Falte die Spitze wieder nach oben. Die Faltlinie verläuft ca. 2 cm unterhalb der Oberkante der Spitze.

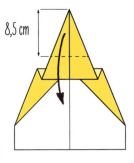

6.
Falte die Spitze ein zweites Mal nach unten. Die Faltlinie verläuft ca. 8,5 cm unterhalb der Spitze.

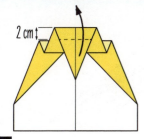

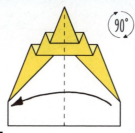

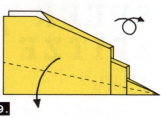

7.

Falte die Spitze ein zweites Mal nach oben. Die Faltlinie verläuft wieder ca. 2 cm unterhalb der Oberkante der Spitze.

8.

Falte den Flieger entlang der Mittellinie zusammen (rechte Hälfte auf linke Hälfte) und drehe ihn um 90° im Uhrzeigersinn.

9.

Falte den ersten Flügel mit der Oberkante der vordersten kleinen Spitze auf die Unterkante des Rumpfes. Wende den Flieger ...

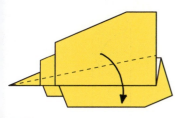

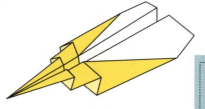

10.

... und falte den zweiten Flügel wie in Schritt 9 nach unten.

11.

Richte die Flügel zum Schluss entsprechend der nachfolgenden Abbildung auf. Fertig!

FLÜGELSTELLUNG & ABWURF

Die Flügel zeigen leicht nach oben. Den Rumpf in der Mitte anfassen und leicht bis kräftig abwerfen.

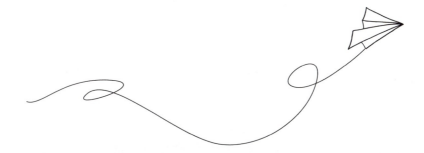

P-05// SPEER SPITZE

BORDKARTE

Ein windschnittiges Modell mit einer zusätzlichen Spitze auf der Unterseite. Das Modell ist extrem zielgenau auf kurze Distanz. Bei hohen Decken oder im Freien empfiehlt sich ein Abwurf steil nach oben und nur leicht nach vorne.

Faltung:	●●●○○	Flugdauer:	●●●○○
Abwurf:	●●●○○	Geschwindigkeit:	●●○○○
Coolnessfaktor:	●●●○○	Weite:	●●●○○
Flugbahn:	gerade	Höhe:	●●●○○

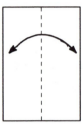

1.
Falte das Papier zunächst einmal der Länge nach mittig zusammen und wieder auseinander, sodass eine Mittellinie zu sehen ist.

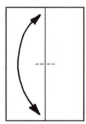

2.
Falte das Papier der Breite nach mittig zusammen, mach einen kleinen Markierungsknick in der Mitte und entfalte das Blatt wieder.

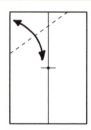

3.
Falte die linke obere Ecke auf den Mittelpunkt des Blattes und anschließend wieder zurück.

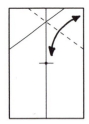

4.
Falte die rechte obere Ecke auf den Mittelpunkt des Blattes und dann wieder zurück.

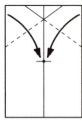

5.
Falte im Anschluss die beiden oberen Ecken gleichzeitig auf den Mittelpunkt, wobei die Blattoberkante entlang der zuvor in Schritt 1 gemachten Mittellinie hochragt.

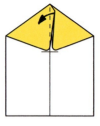

6.
Falte den hochstehenden Bereich entlang der in Schritt 1 gemachten Mittellinie nach links ...

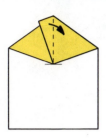

7.

… und anschließend nach rechts.

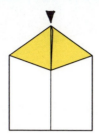

8.

Stelle das kleine Dreieck wieder hoch und drücke die Spitze des hochstehenden Bereichs nach unten, sodass sich der Bereich öffnet …

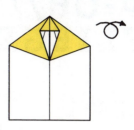

9.

… und die hier gezeigte Form entsteht. Glätte die Faltung und wende danach das Blatt.

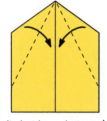

10.

Falte die beiden schrägen Außenkanten bis zur Mittellinie.

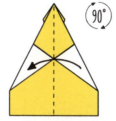

11.

Falte den Flieger (ohne die kleine „Speerspitze") entlang der Mittellinie zusammen (rechte Hälfte auf linke Hälfte) und drehe ihn um 90° im Uhrzeigersinn.

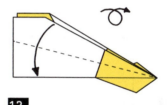

12.

Falte die lange Kante des ersten Flügels auf die Unterkante des Rumpfes. Wende den Flieger …

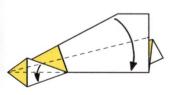

13.

… und klappe danach die Speerspitze nach unten. Falte anschließend den zweiten Flügel wie in Schritt 12 nach unten.

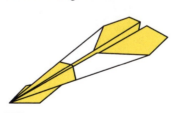

15.

Richte die Flügel und die Speerspitze entsprechend der nachfolgenden Abbildung auf. Fertig!

FLÜGELSTELLUNG & ABWURF

Die Flügel zeigen leicht nach oben, die Klappen der Speerspitze stehen waagerecht. Den Rumpf in der Mitte anfassen und mit Schwung abwerfen. Teste auch einen Abwurf steil nach oben und gleichzeitig nur leicht nach vorne.

P-06//
FLIEGE

BORDKARTE

„Klein, aber oho." Diese Redewendung dürfte auf kaum einen Flieger besser zutreffen als auf dieses Modell. Es kann schnell, weit, hoch und ausdauernd fliegen, ist gleichermaßen für Innen- wie für Außenräume geeignet und schafft sogar bei leichtem Wind ein paar höchst unterhaltsame Flüge.

Faltung:	●●●●○	Flugdauer:	●●●●○
Abwurf:	●●○○○	Geschwindigkeit:	●●●●○
Coolnessfaktor:	●●●●●	Weite:	●●●●●
Flugbahn:	gerade	Höhe:	●●●●●

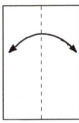

1.
Falte das Papier zunächst einmal der Länge nach mittig zusammen und wieder auseinander, sodass eine Mittellinie zu sehen ist.

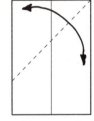

2.
Falte die Oberkante des Papiers diagonal nach rechts, sodass sie auf der rechten Seitenkante anliegt. Wieder entfalten.

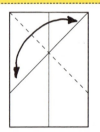

3.
Jetzt die Oberkante des Papiers diagonal nach links falten, sodass sie auf der linken Seitenkante anliegt. Wieder entfalten und wenden.

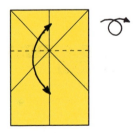

4.
Falte und entfalte die Oberkante, sodass du eine waagerechte Faltlinie erhältst, die durch den Schnittpunkt der beiden zuvor gemachten Faltlinien verläuft. Wende das Blatt.

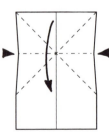

5.
Falte nun die Oberkante nach unten und drücke dabei gleichzeitig die Seiten mit ein.

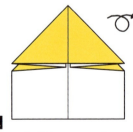

6.
Glätte die Faltungen und wende danach das Modell.

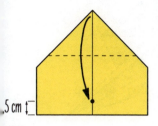

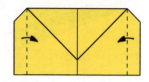

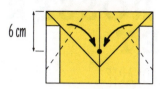

7.
Falte die Spitze anschließend so weit nach unten, dass zwischen ihr und der Blattunterkante ca. 2,5 cm Abstand bleiben.

8.
Falte die Außenkanten (zusammen mit den dahinterliegenden kleinen Dreiecken) wie auf der Zeichnung zu sehen nach innen.

9.
Falte die oberen Ecken zur Mittellinie auf einen Punkt, der ca. 6 cm unterhalb der Oberkante liegt.

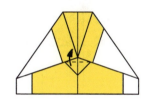

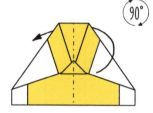

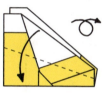

10.
Falte die kleine Spitze nach oben.

11.
Falte den Flieger entlang der Mittellinie nach hinten zusammen (rechte Hälfte hinter linke Hälfte) und drehe ihn im Anschluss um 90° im Uhrzeigersinn.

12.
Falte die lange Kante des ersten Flügels auf die Unterkante des Rumpfes. Wende den Flieger ...

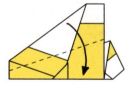

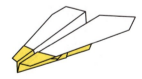

13.
... und falte den zweiten Flügel wie in Schritt 12 nach unten.

14.
Richte die Flügel zum Schluss entsprechend der nachfolgenden Abbildung auf. Fertig!

FLÜGELSTELLUNG & ABWURF
Die Flügel zeigen leicht nach oben. Den Rumpf in der Mitte anfassen und dann mit Schwung abwerfen.

P-07// GROSSER JET

BORDKARTE

Ein relativ einfach zu faltendes Modell und gut geeignet für Flüge auf kleinem Raum. Um im Freien gute Weiten zu erzielen, benötigt dieser Flieger zwar günstige thermische Bedingungen, dafür sieht man ihn dann mitunter auch nicht mehr wieder ...

Faltung:	●●●○○	Flugdauer:	●●●○○
Abwurf:	●●●●○	Geschwindigkeit:	●●○○○
Coolnessfaktor:	●●●○○	Weite:	●●●○○
Flugbahn:	gerade	Höhe:	●●○○○

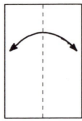

1. Falte das Papier zunächst einmal der Länge nach mittig zusammen und wieder auseinander, sodass eine Mittellinie zu sehen ist.

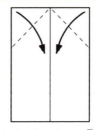

2. Falte die beiden oberen Ecken diagonal bis fast an die Mittellinie.

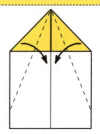

3. Falte die beiden schrägen Außenkanten bis zur Mittellinie.

4. Falte die Spitze des Fliegers auf den Mittelpunkt der Unterkante ...

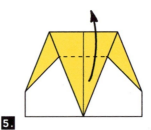

5. ... und danach wie auf der Zeichnung zu sehen wieder nach oben.

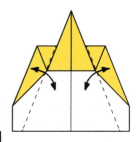

6. Falte und entfalte die beiden Winglets. Die Faltkanten verlaufen jeweils in einer Linie zu den Außenkanten der Spitze.

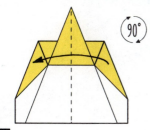

7.

Falte den Flieger entlang der Mittellinie zusammen (rechte Hälfte auf linke Hälfte) und drehe ihn um 90° im Uhrzeigersinn.

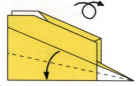

8.

Falte die lange Kante des ersten Flügels (nicht die Außenkante des Winglets) auf die Unterkante des Rumpfes. Wende den Flieger …

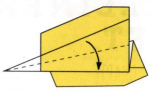

9.

… und falte den zweiten Flügels wie in Schritt 8 nach unten.

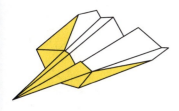

10.

Richte die Flügel und Winglets entsprechend der nachfolgenden Abbildung auf. Fertig!

FLÜGELSTELLUNG & ABWURF

Die Flügel stehen waagerecht, die Winglets zeigen im 45°-Winkel nach oben. Den Rumpf in der Mitte anfassen und kräftig abwerfen.

P-O8// KLEINER JET

BORDKARTE

Dieses Modell ist relativ schwierig zu falten, belohnt jedoch mit seinem tollen Aussehen. Akkurat gefaltet und richtig abgeworfen ist es der perfekte Flieger, um den Schulflur ein klein wenig aufzumischen. Dabei gilt natürlich wie immer: nie in Richtung von Menschen oder Tieren werfen.

Faltung:	●●●●●	Flugdauer:	●●●○○
Abwurf:	●●●●●	Geschwindigkeit:	●●●○○
Coolnessfaktor:	●●●●●	Weite:	●●●●○
Flugbahn:	gerade	Höhe:	●●●○○

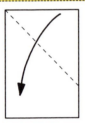

1.
Falte die Oberkante des Papiers diagonal nach links, sodass sie auf der linken Seitenkante anliegt.

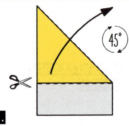

2.
Schneide jetzt das Papier sauber und vorsichtig zu einem Quadrat zu. Entfalte das Quadrat und drehe es um 45° im Uhrzeigersinn.

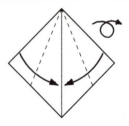

3.
Falte die beiden oberen Außenkanten bis zur Mittellinie und wende das Blatt anschließend.

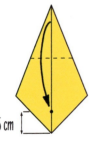

4.
Falte die obere Spitze auf einen Punkt, der 5 cm oberhalb der unteren Spitze liegt.

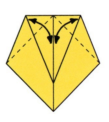

5.
Falte die oberen Ecken diagonal zur Mittellinie und wieder zurück.

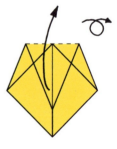

6.
Klappe die Spitze zurück nach oben und wende das Modell.

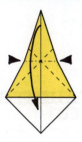
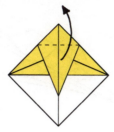
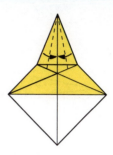

7.

Falte die Spitze nach unten und drücke dabei gleichzeitig die Seiten mit ein, um die in Schritt 8 gezeigte Figur zu erhalten.

8.

Falte die untere Spitze nach oben.

9.

Falte die Außenkanten der Spitze danach zur Mittellinie.

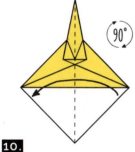
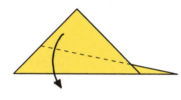
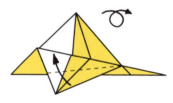

10.

Falte den Flieger entlang der Mittellinie zusammen (rechte Hälfte auf linke Hälfte) und drehe ihn um 90° im Uhrzeigersinn.

11.

Falte den ersten Flügel nach unten. Die Faltlinie ist die Verlängerung der Oberkante der kleinen Spitze.

12.

Falte den ersten Flügel wieder nach oben, sodass die langen Kanten aufeinanderliegen. Wende den Flieger dann …

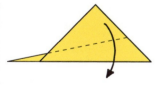
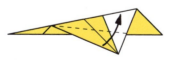
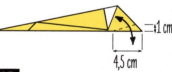

13.

… und wiederhole Schritt 11 mit dem zweiten Flügel.

14.

Falte den zweiten Flügel wie in Schritt 12 nach oben.

15.

Falte die untere Heckkante der Abbildung entsprechend in Richtung der hinteren Tragwerkskante. Wieder entfalten.

16.

Drücke den Heckbereich nach oben zwischen die Flügel.

17.

Richte die Flügel und Winglets entsprechend der nachfolgenden Abbildung auf. Fertig!

FLÜGELSTELLUNG & ABWURF

Die Flügel und Winglets bilden eine Art Zickzacklinie. Den Rumpf in der Mitte anfassen und sanft abwerfen.

P-09//
LUFTSCHIFF

BORDKARTE

Wie kaum ein anderer Pfeil schiebt sich dieses Modell sanft, gleichmäßig und zielstrebig durch die Lüfte und strahlt dabei eine geisterschiffähnliche Ruhe und Gelassenheit aus. Sein Flugstil leitet passend zum nächsten Kapitel über – dem der Gleiter.

Faltung:	●●●●●	Flugdauer:	●●●●○
Abwurf:	●●●○○	Geschwindigkeit:	●●○○○
Coolnessfaktor:	●●●●●	Weite:	●●●●●
Flugbahn:	gerade	Höhe:	●●●●○

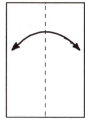

1.
Falte das Papier zunächst einmal der Länge nach mittig zusammen und wieder auseinander, sodass eine Mittellinie zu sehen ist.

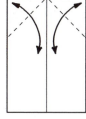

2.
Falte die beiden oberen Ecken diagonal bis fast an die Mittellinie und wieder zurück.

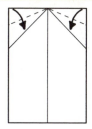

3.
Falte die beiden Oberkanten anschließend auf die in Schritt 2 gemachten Faltlinien.

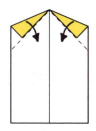

4.
Falte die beiden oberen Schrägen entlang der in Schritt 2 gemachten Faltlinie nach unten.

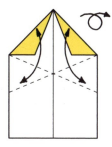

5.
Falte und entfalte nacheinander die beiden oberen Schrägen auf die jeweils angrenzenden Seitenkanten. Wende das Blatt.

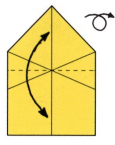

6.
Falte die Spitze des Fliegers auf den Mittelpunkt der Unterkante und wieder zurück. Das Blatt jetzt erneut wenden.

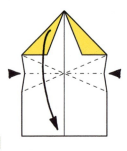

7.
Falte die Spitze nach unten und drücke dabei gleichzeitig die Seiten mit ein. Glätte die Faltungen.

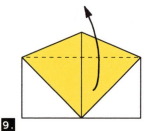

9.
Falte die Spitze (ohne die darunterliegenden Laschen) nach oben.

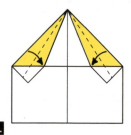

10.
Falte die beiden Außenschrägen auf die Innenschrägen.

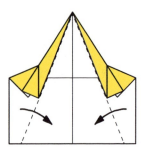

11.
Falte im Anschluss die Außenbereiche entlang der Innenschrägen in Richtung Mittellinie. Sollten sich dabei die eingeschlagenen Spitzen an der Mittellinie überlappen, so spielt das keine Rolle.

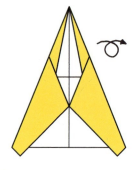

12.
Glätte die Faltungen und wende den Flieger anschließend.

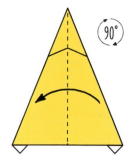

13.
Falte den Flieger entlang der Mittellinie zusammen (rechte Hälfte auf linke Hälfte) und drehe ihn um 90° im Uhrzeigersinn.

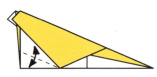

14.
Falte die untere Heckkante auf die hintere Flügelkante und wieder zurück. Drücke nun den Heckbereich nach oben zwischen die Flügel.

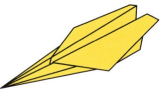
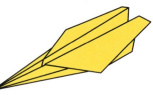

16.
Richte die Flügel zum Schluss entsprechend der nachfolgenden Abbildung auf. Fertig!

FLÜGELSTELLUNG & ABWURF
Die Flügel zeigen leicht nach oben. Den Rumpf in der Mitte anfassen und mit leichtem Schwung abwerfen.

GLEITER

G-01-G-09

G-01// LUFTPOST

BORDKARTE

Dieses Modell ähnelt einem gewöhnlichen Brief-
umschlag und feiert die Schönheit des Einfachen.
Ein paar nette Zeilen für die Liebsten erreichen so
auf kurze Entfernung anmutig ihr Ziel. Und mit
der richtigen Wurftechnik kommen darüber hinaus
noch einige Überraschungen auf dich zu.

Faltung:	●●●○○
Abwurf:	●●●●○
Coolnessfaktor:	●●●○○
Flugbahn:	stufenweise abwärts

Flugdauer:	●●●○○
Geschwindigkeit:	●○○○○
Weite:	●●○○○
Höhe:	●○○○○

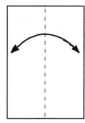

1.
Falte das Papier zunächst einmal
der Länge nach mittig zusammen
und wieder auseinander, sodass
eine Mittellinie zu sehen ist.

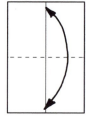

2.
Falte nun das Papier der Breite
nach mittig zusammen und wieder
auseinander, sodass eine Mittellinie zu sehen ist.

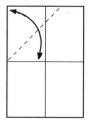

3.
Falte die linke obere Außenkante
auf die in Schritt 2 gemachte Mittellinie und wieder zurück.

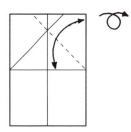

4.
Falte die rechte obere Außenkante
auf die in Schritt 2 gemachte Mittellinie und wieder zurück. Wende
anschließend das Blatt.

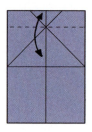

5.
Falte die Oberkante an der markierten Linie nach unten. Wieder
entfalten und das Blatt wenden.

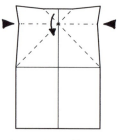

6.
Falte den mittleren Bereich der
Oberkante nach unten und drücke
gleichzeitig die Seiten mit ein.

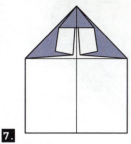

7.

Glätte die Faltungen.

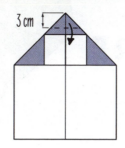

3 cm

8.

Falte die Spitze auf einer Höhe
von ca. 3 cm nach unten.

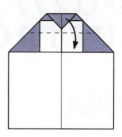

9.

Falte die Oberkante auf die in
Schritt 2 gemachte Mittellinie.

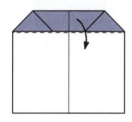

10.

Falte im Anschluss die Oberkante
entlang der in Schritt 2 gemachten
Mittellinie nach unten.

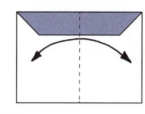

11.

Falte den Flieger entlang der Mittellinie zusammen und auseinander.

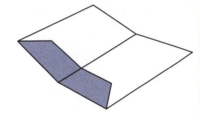

12.

Richte die Flügel zum Schluss
entsprechend der nachfolgenden
Abbildung auf. Fertig!

FLÜGELSTELLUNG
& ABWURF

Die Flügel zeigen leicht nach oben. Den Rumpf am
hinteren Ende zwischen Daumen, Zeige- und Mittelfinger anfassen, wobei der Zeigefinger oben aufliegt,
während Daumen und Mittelfinger unten stabilisieren.
Sehr sanft abwerfen. Teste auch einen Abwurf steil
nach oben und dabei nur leicht nach vorne.

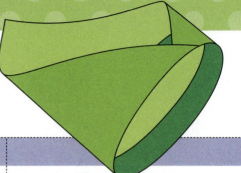

G-02//
LUFTRÖHRE

BORDKARTE

Schnell, einfach und wirkungsvoll! Gelingt der Abwurf, dann ist es eine wahre Freude, diesem Modell dabei zuzuschauen, wie es ruhig und gleichmäßig davonsegelt. Für ein längeres Flugvergnügen einfach von einem Stuhl, vom Balkon oder aus dem Fenster heraus abwerfen.

Faltung:	●○○○○	Flugdauer:	●●●●○
Abwurf:	●●●●○	Geschwindigkeit:	●○○○○
Coolnessfaktor:	●●●●●	Weite:	●●●○○
Flugbahn:	gerade	Höhe:	●○○○○

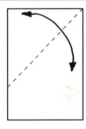

1.
Falte die Oberkante des Papiers diagonal nach rechts, sodass sie auf der rechten Seitenkante anliegt. Wieder entfalten.

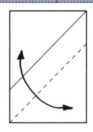

2.
Falte die Unterkante des Papiers diagonal nach links, sodass sie auf der linken Seitenkante anliegt. Wieder entfalten.

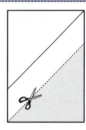

3.
Schneide jetzt das Papier entlang der in Schritt 2 gemachten Faltlinie sauber in zwei Teile. Drehe den oberen Teil um 45° im Uhrzeigersinn. Der untere Teil wird nicht mehr gebraucht.

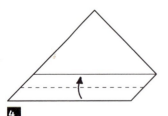

4.
Falte anschließend die Unterkante auf die obere Faltlinie.

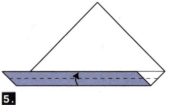

5.
Falte die Unterkante jetzt erneut auf die obere Faltlinie.

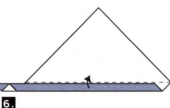

6.
Und schließlich den unteren Bereich entlang der Faltlinie noch einmal nach oben falten.

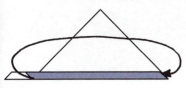

7.

Forme dein Modell zu einer Röhre und stecke den herausstehenden Streifen zwischen die zuletzt gemachte Faltung des anderen Streifenendes. Ein Tipp: Damit die Rundung gleichmäßiger wird, ziehe den Streifen zuvor über eine Tischkante.

8.

Glätte zum Schluss alle Beulen der Röhre, die möglicherweise entstanden sind. Fertig!

FLÜGELSTELLUNG & ABWURF

Die Röhre sollte so gleichmäßig rund sein wie möglich. Die Röhre an der hinteren Spitze anfassen, wobei Zeige- und Mittelfinger innerhalb der Röhre oben aufliegen, während Daumen und Ringfinger unten stablilisieren.

Dann sehr sanft nach vorne abwerfen.

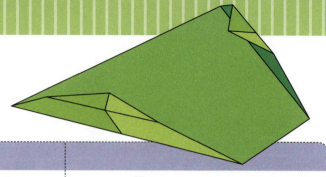

G-03//
FLUNDER

BORDKARTE

Dieses originelle Modell ist äußerst flach, fliegt aber stabil und gleichmäßig. Von der Seite kaum zu erkennen gleitet es selbstbewusst und unauffällig durchs Zimmer und führt geheime Aufträge aus.

Faltung:	●●●○○	Flugdauer:	●●●○○
Abwurf:	●●●○○	Geschwindigkeit:	●○○○○
Coolnessfaktor:	●●●●○	Weite:	●●●○○
Flugbahn:	gerade	Höhe:	●●○○○

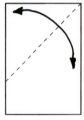

1.
Falte die Oberkante des Papiers diagonal nach rechts, sodass sie auf der rechten Seitenkante anliegt. Wieder entfalten.

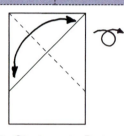

2.
Jetzt die Oberkante des Papiers diagonal nach links falten, sodass sie auf der linken Seitenkante anliegt. Wieder entfalten und das Blatt anschließend wenden.

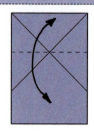

3.
Falte und entfalte die Oberkante, sodass du eine waagerechte Faltlinie erhältst, die durch den Schnittpunkt der beiden zuvor gemachten Faltlinien verläuft. Wende das Blatt.

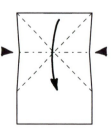

4.
Falte nun die Oberkante nach unten und drücke dabei gleichzeitig die Seiten mit ein.

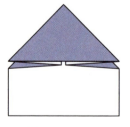

5.
Glätte die Faltungen.

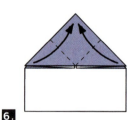

6.
Falte die beiden äußeren Ecken der oberen Lasche hoch zur Spitze.

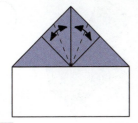
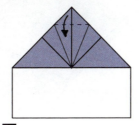
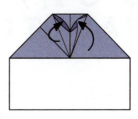

7.
Falte die Unterkanten der beiden neu entstandenen Laschen zur Mitte und wieder zurück.

8.
Falte dann die Spitze an der markierten Linie nach unten.

9.
Stecke die kleinen seitlichen Laschen danach in die Taschen der oberen Lasche.

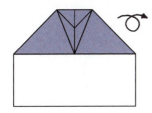
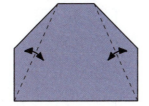
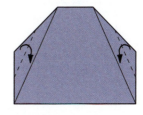

10.
Glätte die Faltungen und wende im Anschluss das Blatt.

11.
Falte und entfalte die zwei Winglets.

12.
Falte die äußeren Spitzen der Winglets auf die in Schritt 11 gemachten Faltlinien, wobei die neuen parallel zu den alten verlaufen.

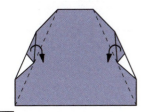
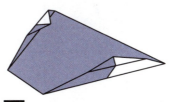

13.
Falte die beiden Winglets ein.

14.
Richte die Winglets und die Tragfläche entsprechend der nachfolgenden Abbildung auf. Fertig!

FLÜGELSTELLUNG & ABWURF

Die Tragfläche zeigt in leichtem Bogen nach oben. Der untere Teil der Winglets steht nach oben, die kleinen Spitzen stehen waagerecht. Den Flieger auf der Unterseite an den Seiten des dicken Dreiecks anfassen und dann mit leichtem Schwung gerade abwerfen.

G-04 //
FAULTIER

BORDKARTE

Der „Kopf" dieses Modells erinnert an ein sehr bekanntes Faultier aus einer sehr bekannten Animationsfilmreihe. Und auch was seine Fluggeschwindigkeit anbelangt ist der Name Programm. Im Gegensatz zu seinem zoologischen Vorbild legt dieser Papierflieger allerdings beachtliche Strecken zurück.

Faltung:	●●●●○	Flugdauer:	●●●●●
Abwurf:	●●○○○	Geschwindigkeit:	●●○○○
Coolnessfaktor:	●●●●●	Weite:	●●●●●
Flugbahn:	gerade	Höhe:	●●●○○

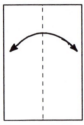

1.
Falte das Papier zunächst einmal der Länge nach mittig zusammen und wieder auseinander, sodass eine Mittellinie zu sehen ist.

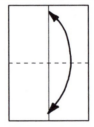

2.
Falte das Papier anschließend der Breite nach mittig zusammen und wieder auseinander, sodass eine Mittellinie zu sehen ist.

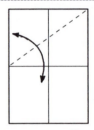

3.
Falte die linke obere Ecke nach rechts unten und wieder zurück. Die Faltlinie verläuft zwischen der rechten oberen Ecke und dem Mittelpunkt der linken Außenkante.

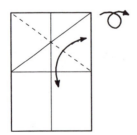

4.
Falte die rechte obere Ecke nach links unten und wieder zurück. Die Faltlinie verläuft zwischen der linken oberen Ecke und dem Mittelpunkt der rechten Außenkante. Wende das Blatt danach.

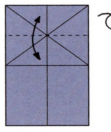

5.
Falte die Oberkante auf die in Schritt 2 gemachte Mittellinie. Wieder entfalten und das Blatt noch einmal wenden.

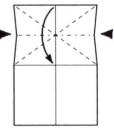

6.
Falte die Oberkante nach unten und drücke dabei die Seiten mit ein. Glätte die Faltungen.

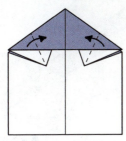

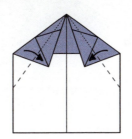

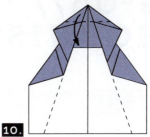

8.

Falte die Unterkanten der beiden obenliegenden Laschen auf ihre teilweise verdeckten Innenkanten.

9.

Falte die Oberkanten der untenliegenden großen Laschen unter die obenliegenden kleinen Laschen auf deren Innenkanten.

10.

Falte die Spitze deines Modells nach unten. Die Faltlinie verläuft auf Höhe der Spitzen der obenliegenden kleinen Laschen.

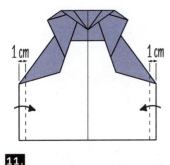

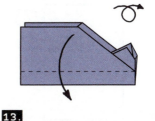

11.

Falte links und rechts 1 cm breite Winglet nach innen.

12.

Falte den Flieger entlang der Mittellinie zusammen (rechte Hälfte auf linke Hälfte) und drehe ihn um 90° im Uhrzeigersinn.

13.

Falte den ersten Flügel zusammen mit dem ersten „Auge" parallel zur Unterkante des Rumpfes nach unten. Wende den Flieger ...

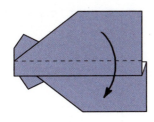

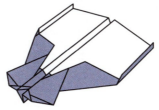

14.

... und falte den zweiten Flügel und das zweite Auge wie in Schritt 13 beschrieben nach unten.

15.

Richte die Flügel, Winglets und Augen entsprechend der nachfolgenden Abbildung auf. Fertig!

FLÜGELSTELLUNG & ABWURF

Die Flügel und die Augen stehen leicht nach oben, die Winglets stehen gerade nach oben. Den Rumpf im vorderen Bereich anfassen und mit leichtem Schwung gerade abwerfen.

G-05//
HORNISSE

BORDKARTE

Ein großer Flieger für große Weiten. Die Form der „Flügel", des „Kopfes" und der „Augen" erinnern eindeutig an eine Hornisse. Treffenderweise zählt diese wiederum biologisch betrachtet zur Familie der Faltenwespen. So schließt sich der Kreis ...

Faltung:	●●●○○	Flugdauer:	●●●●○
Abwurf:	●●○○○	Geschwindigkeit:	●●●○○
Coolnessfaktor:	●●●●○	Weite:	●●●●●
Flugbahn:	gerade	Höhe:	●●●○○

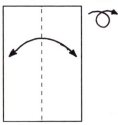

1.
Falte das Papier zunächst einmal der Länge nach mittig zusammen und wieder auseinander, sodass eine Mittellinie zu sehen ist.

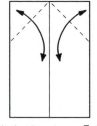

2.
Falte die beiden oberen Ecken diagonal bis fast an die Mittellinie und wieder zurück. Wende das Blatt.

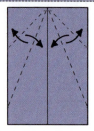

3.
Falte die in Schritt 2 gemachten Faltlinien auf die Mittellinie und schlage dabei gleichzeitig die kleinen Dreiecke zurück.

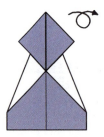

4.
Glätte die Faltungen und wende das Modell anschließend.

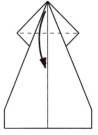

5.
Falte die Spitze nach unten. Dann das Blatt vollständig entfalten.

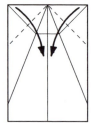

6.
Falte die oberen Ecken diagonal zur Mittellinie und wende das Blatt.

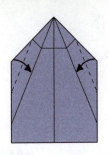

7.

Falte die oberen Ecken auf die in Schritt 3 gemachten alten Faltlinien. Dabei verlaufen die neuen Faltlinien parallel zu den alten.

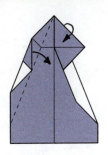

8.

Falte die Außenschrägen entlang der in Schritt 3 gemachten Faltlinien in Richtung Mittellinie. Dabei kommen die auf der Rückseite liegenden Spitzen nach vorne.

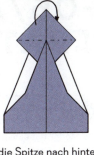

9.

Klappe die Spitze nach hinten um.

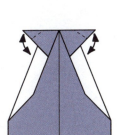

10.

Falte die Oberkanten der beiden kleinen Laschen nach unten, sodass sie entlang der langen Außenschrägen verlaufen. Anschließend wieder entfalten.

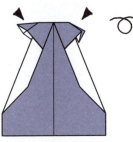

11.

Um die Hornissenaugen fertigzustellen, öffne die beiden kleinen Laschen, drücke die Oberkanten nach innen und glätte die Faltungen. Wende das Modell.

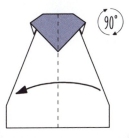

12.

Falte den Flieger entlang der Mittellinie zusammen (rechte Hälfte auf linke Hälfte) und drehe ihn um 90° im Uhrzeigersinn.

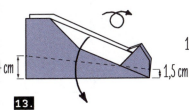

13.

Falte den ersten Flügel zusammen mit dem Auge nach unten. Die Faltlinie verläuft von ca. 4 cm hin zu ca. 1,5 cm über der Unterkante des Rumpfes. Wende den Flieger ...

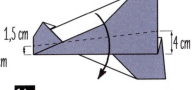

14.

... und falte den zweiten Flügel und das zweite Auge wie in Schritt 13 nach unten. Richte die Flügel und Augen entsprechend der nachfolgenden Abbildung auf. Fertig!

FLÜGELSTELLUNG & ABWURF

Die Flügel stehen leicht nach oben, die Augen sind zusammengefaltet. Den Rumpf im vorderen Bereich anfassen und abwerfen.

G-06//
ALBATROS

BORDKARTE

Dieses Modell hat eine beachtliche Flügelspannweite. Mit leichtem Schwung abgeworfen, schlägt der Albatros ein bis zwei Mal mit den Flügeln, bevor er sanft und gleichmäßig dahingleitet.

Faltung:	●●●●○	Flugdauer:	●●●○○
Abwurf:	●●●○○	Geschwindigkeit:	●●○○○
Coolnessfaktor:	●●●●●	Weite:	●●●●○
Flugbahn:	gerade	Höhe:	●●●○○

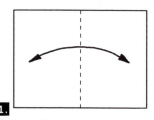

1.
Falte das Papier zunächst einmal der Breite nach mittig zusammen und wieder auseinander, sodass eine Mittellinie zu sehen ist.

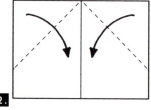

2.
Falte die beiden oberen Ecken diagonal bis fast an die Mittellinie.

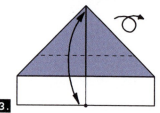

3.
Falte die Spitze auf den Mittelpunkt der Unterkante und wieder zurück. Wende das Blatt.

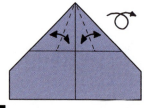

4.
Falte die schrägen Außenkanten auf die Mittellinie, drücke dabei aber nur den Bereich von der Spitze bis zur in Schritt 3 gemachten Faltlinie an. Wieder auseinanderfalten. Wende das Blatt erneut.

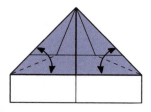

5.
Falte die schrägen Außenkanten auf die Unterkante der Dreiecke, drücke dabei aber nur den Bereich von den äußeren Spitzen bis zur in Schritt 3 gemachten Faltlinie an. Wieder auseinanderfalten.

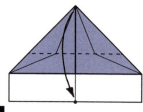

6.
Falte die Spitze auf den Mittelpunkt der Unterkante.

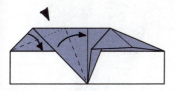

7.
Falte die schrägen Kanten der nach unten zeigenden Spitze zur Mittellinie. Schlage dabei die schrägen Außenkanten mit um und drücke die Oberkante nach unten.

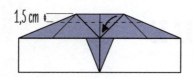

8.
Glätte die Faltungen und schlage anschließend die Oberkante um 1,5 cm nach unten.

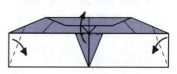

9.
Falte die untere Spitze nach oben. Falte dann die Winglets ein, sodass ihre Faltkante in einer Linie mit der bereits im oberen Bereich sichtbaren Faltlinie liegt.

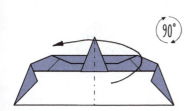

10.
Falte den Flieger entlang der Mittellinie nach hinten zusammen (rechte Hälfte hinter linke Hälfte) und drehe ihn dann um 90° im Uhrzeigersinn.

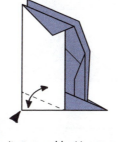

11.
Falte die untere Heckkante nach oben und wieder zurück. Die Faltlinie verläuft parallel zur Oberkante der Nase. Drücke den Heckbereich nach oben zwischen die Flügel.

12.
Falte den ersten Flügel nach unten. Die Faltlinie verläuft in einer Linie zur Oberkante der Nase. Wende jetzt den Flieger ...

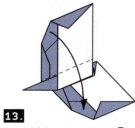

13.
... und falte den zweiten Flügel wie in Schritt 12 nach unten.

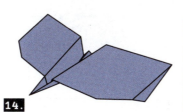

14.
Richte die Flügel und Winglets entsprechend der nachfolgenden Abbildung auf. Fertig!

FLÜGELSTELLUNG & ABWURF

Die Flügel stehen leicht nach oben, die Winglets gerade nach unten. Den Rumpf im vorderen Bereich anfassen und mit leichtem Schwung abwerfen. Teste auch einen Abwurf steil nach oben und dabei nur leicht nach vorne.

G-07 //
KLEINE
SCHWALBE

BORDKARTE

Dieses schöne Modell ist ein Klassiker in der Welt der Papierflieger. Es eignet sich für Innen- und Außenräume und sein Flugstil ähnelt mitunter tatsächlich dem einer Schwalbe. Probiere es einfach aus und du wirst sehen!

Faltung:	●●●●○	Flugdauer:	●●●●○
Abwurf:	●●●○○	Geschwindigkeit:	●●●○○
Coolnessfaktor:	●●●●○	Weite:	●●●●○
Flugbahn:	gerade bis akrobatisch	Höhe:	●●●●○

1.
Befolge für die Grundfaltung die Schritte 1 bis 5 des Modells „G-03 // Flunder" (siehe Seite 30).

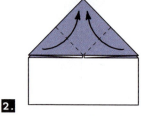

2.
Falte die beiden äußeren Ecken der oberen Lasche hoch zur Spitze.

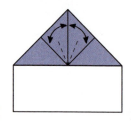

3.
Falte die Unterkanten der beiden neu entstandenen Laschen zur Mitte und wieder zurück. Drücke die Faltlinien dabei nicht durchgängig an, sondern nur bis zur mittleren Höhe der Lasche.

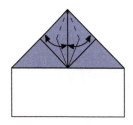

4.
Falte nun die Oberkanten zur Mitte und wieder zurück. Auch hier die Faltlinien nicht durchgängig andrücken, sondern nur bis zur mittleren Höhe der Lasche.

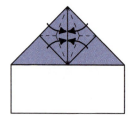

5.
Nun die Ober- und Unterkanten gleichzeitig zur Mitte falten, sodass sich die äußeren Ecken aufrichten.

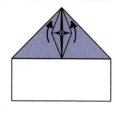

6.
Falte danach die beiden aufgerichteten Ecken nach oben in Richtung der oberen Spitze.

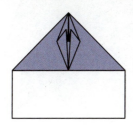

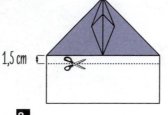

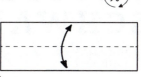

7.
Glätte die Faltungen.

8.
Zeichne ca. 1,5 cm unterhalb des Dreiecks eine Linie an und schneide das Papier in zwei Teile. Zuerst benötigst du nur den unteren Teil.

9.
Falte das Papier der Breite nach mittig zusammen und wieder auseinander. Drehe das Blatt um 90° im Uhrzeigersinn.

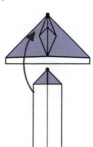

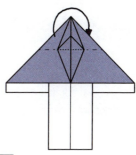

10.
Falte die beiden oberen Ecken diagonal zur Mittellinie.

11.
Jetzt den Rumpfbereich so weit wie möglich in die Tasche des Flügelbereichs stecken, sodass sich die markierten Spitzen treffen.

12.
Schlage nun die große Spitze deines Modells (ohne die beiden darüberliegenden kleinen Spitzen) nach hinten um.

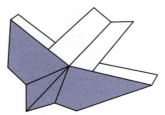

13.
Falte den Flieger entlang der Mittellinie zusammen und danach wieder auseinander.

14.
Richte die Flügel zum Schluss entsprechend der nachfolgenden Abbildung auf. Fertig!

FLÜGELSTELLUNG & ABWURF
Die Flügel zeigen leicht nach oben. Den Flieger auf der Unterseite an den Seiten des dicken Dreiecks anfassen und mit Schwung abwerfen. Teste auch einen Abwurf steil nach oben.

G-07 // GLEITER

G-08//
GROSSE
SCHWALBE

BORDKARTE

Ein weiteres Klassikermodell. Weniger wendig und von ruhigerem Gemüt als sein kleiner Bruder, dafür nicht weniger schön anzuschauen – ein beständiger und ausdauernder Gleiter.

Faltung:	●●●●○	Flugdauer:	●●●●○
Abwurf:	●●●○○	Geschwindigkeit:	●●○○○
Coolnessfaktor:	●●●○○	Weite:	●●●●○
Flugbahn:	gerade	Höhe:	●●●●○

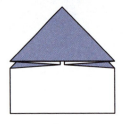

1.
Befolge für die Grundfaltung die Schritte 1 bis 5 des Modells „G-03 // Flunder" (siehe Seite 30).

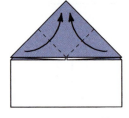

2.
Falte die beiden äußeren Ecken der oberen Lasche hoch zur Spitze.

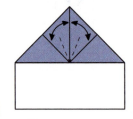

3.
Falte die Unterkanten der beiden neu entstandenen Laschen zur Mitte und wieder zurück. Drücke die Faltlinien dabei nicht durchgängig an, sondern nur bis zur mittleren Höhe der Lasche.

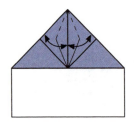

4.
Falte nun die Oberkanten zur Mitte und wieder zurück. Auch hier die Faltlinien nicht durchgängig andrücken, sondern nur bis zur mittleren Höhe der Lasche.

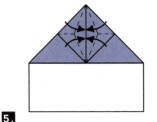

5.
Jetzt die Ober- und Unterkanten gleichzeitig zur Mitte falten, sodass sich die äußeren Ecken aufrichten.

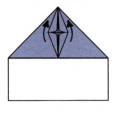

6.
Falte dann die beiden aufgerichteten Ecken nach oben in Richtung der oberen Spitze.

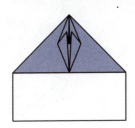

7.
Glätte die Faltungen.

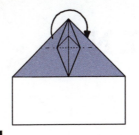

8.
Schlage die große Spitze deines Modells (ohne die beiden zuvor gemachten kleinen Spitzen) nach hinten um.

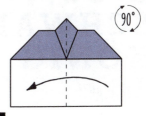

9.
Falte den Flieger entlang der Mittellinie zusammen (rechte Hälfte auf linke Hälfte) und drehe ihn um 90° im Uhrzeigersinn.

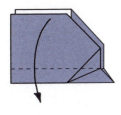

10.
Falte den ersten Flügel nach unten. Die Faltlinie verläuft parallel zum Rumpf auf Höhe der Nase.

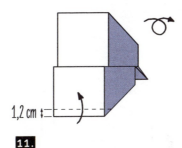

1,2 cm

11.
Falte ein ca. 1,2 cm hohes Winglet nach oben. Wende den Flieger ...

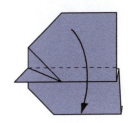

12.
... und wiederhole Schritt 10 mit dem zweiten Flügel.

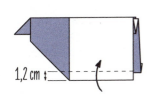

1,2 cm

13.
Falte das zweite Winglet wie in Schritt 11 nach oben.

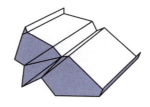

14.
Richte die Flügel und Winglets entsprechend der nachfolgenden Abbildung auf. Fertig!

FLÜGELSTELLUNG & ABWURF
Die Flügel zeigen leicht nach oben und die Winglets gerade nach oben. Den Rumpf im vorderen Bereich anfassen und mit leichtem Schwung abwerfen.

G-09 // SCHWALBEN KÖNIG

BORDKARTE

Dieses Modell besitzt weder schauspielerische Talente auf dem Fußballplatz, noch erhebt es einen Herrschaftsanspruch gegenüber den beiden vorhergehenden Modellen. Seinen Namen verdankt es schlicht und einfach der „Krone" auf seinem Kopf.

Faltung:	●●●●●	Flugdauer:	●●●○○
Abwurf:	●●●○○	Geschwindigkeit:	●●●○○
Coolnessfaktor:	●●●●○	Weite:	●●●●○
Flugbahn:	gerade	Höhe:	●●●○○

1.
Befolge für die Grundfaltung die Schritte 1 bis 5 des Modells „G-03 // Flunder" (siehe Seite 30).

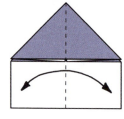

2.
Falte den Flieger dann der Länge nach mittig zusammen und wieder auseinander, sodass eine Mittellinie zu sehen ist.

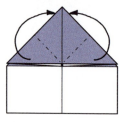

3.
Schlage die beiden äußeren Ecken der oberen Lasche nach innen hoch zur Spitze und glätte die Faltungen anschließend.

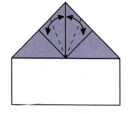

4.
Falte die Unterkanten der beiden neu entstandenen Laschen zur Mitte und wieder zurück.

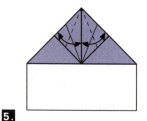

5.
Falte die Oberkanten der beiden neu entstandenen Laschen zur Mitte und wieder zurück.

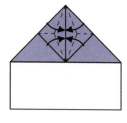

6.
Jetzt die Ober- und Unterkanten gleichzeitig zur Mitte falten, sodass sich die äußeren Ecken aufrichten.

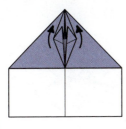

7.

Falte die beiden aufgerichteten Ecken nach oben in Richtung der oberen Spitze...

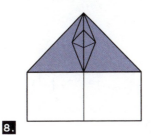

8.

...und glätte die Faltungen.

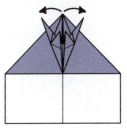

9.

Ziehe jetzt die oberen Spitzen der Laschen nach außen...

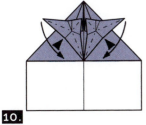

10.

... und entfalte die Laschen soweit, dass dein Modell wie hier gezeigt aussieht. Falte dann die äußeren Spitzen nach unten und drücke dabei gleichzeitig die Unterkanten ein.

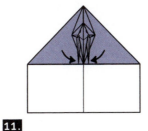

11.

Falte die Spitzen anschließend weiter bis an die Mittellinie.

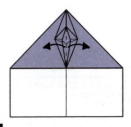

12.

Falte die beiden hochstehenden Laschen nach links bzw. rechts.

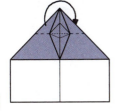

13.

Schlage jetzt die untenliegende große Spitze des Modells (ohne die darüberliegende kleine Spitze) nach hinten um.

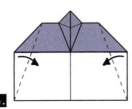

14.

Falte die Winglets nach innen.

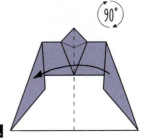

15.

Falte den Flieger entlang der Mittellinie zusammen (rechte Hälfte auf linke Hälfte) und drehe ihn um 90° im Uhrzeigersinn.

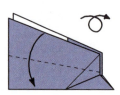

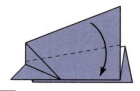

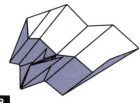

16.
Falte die lange Kante des ersten Flügels auf die Unterkante des Rumpfes. Wende den Flieger...

17.
...und falte den zweiten Flügel wie in Schritt 15 nach unten.

18.
Richte Flügel, Winglets und Krone entsprechend der nachfolgenden Abbildung auf. Fertig!

FLÜGELSTELLUNG & ABWURF

Die Flügel stehen leicht nach oben, die Winglets und die Krone gerade nach oben. Den Rumpf im vorderen Bereich anfassen und mit leichtem Schwung abwerfen.

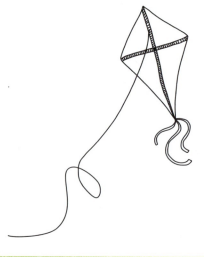

KUNST
FLIEGER

K-O1–K-O7

K-O1// SENK BOHRER

BORDKARTE

Dieses Modell dreht sich auf Hochtouren, sodass einem schon vom Zugucken schwindelig werden kann. Besonders beeindruckend: Bei einer Landung auf glattem Boden dreht sich der Senkbohrer mitunter noch ein paar Sekunden stehend weiter.

Faltung:	●●○○○	Flugdauer:	●●●○○
Abwurf:	●●○○○	Geschwindigkeit:	●○○○○
Coolnessfaktor:	●●●●○	Weite:	●○○○○
Flugbahn:	drehend abwärts	Höhe:	●○○○○

1.
Schneide sauber und vorsichtig einen Streifen von ca. 6 cm Breite zu. Keine Sorge, auf die exakte Breite kommt es dabei nicht an …

6 cm

2.
Falte danach die Unterkante auf die Oberkante.

3.
Falte die Unterkante erneut auf die Oberkante und wieder zurück.

4.
Falte die oben aufliegende Oberkante anschließend auf die zuvor gemachte Faltlinie.

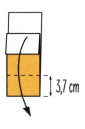

3,7 cm

5.
Falte den vorderen Bereich nach unten, wobei die Faltlinie 3,7 cm oberhalb der Unterkante verläuft.

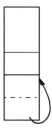

6.
Falte die Unterkante an der markierten Linie nach hinten.

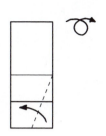

7.

Falte die rechte untere Ecke nach links. Die Faltlinie verläuft zwischen dem Mittelpunkt der rechten Kante und dem Mittelpunkt der Unterkante. Wende anschließend den Flieger.

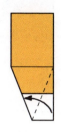

8.

Falte noch einmal die rechte untere Ecke nach links.

9.

Mache danach einen senkrechten Schnitt von der Mitte der Oberkante bis zur Faltlinie.

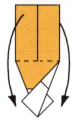

10.

Falte das linke Rotorblatt nach vorne und das rechte nach hinten.

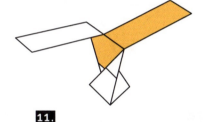

11.

Richte die Tragflächen entsprechend der nachfolgenden Abbildung auf. Fertig!

FLÜGELSTELLUNG & ABWURF

Die Rotorblätter zeigen leicht nach oben. Den Flieger an der unteren Spitze anfassen und gerade hochwerfen.

K-02// FLATTER MANN

BORDKARTE

Ein einfach zu faltender Flieger, der je nach Einstellung der Höhenruder sowohl Gleitflüge als auch tolle Loopings hinlegt.

Faltung:	●●○○○	Flugdauer:	●●●●●
Abwurf:	●●●○○	Geschwindigkeit:	●●●○○
Coolnessfaktor:	●●●●●	Weite:	●●●○○
Flugbahn:	gerade bis akrobatisch	Höhe:	●●●●○

1.
Falte das Papier zunächst einmal der Länge nach mittig zusammen und wieder auseinander, sodass eine Mittellinie zu sehen ist.

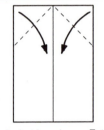

2.
Falte die beiden oberen Ecken diagonal bis fast an die Mittellinie.

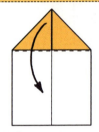

3.
Falte die Spitze nach unten.

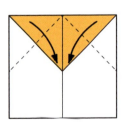

4.
Falte die beiden oberen Ecken bis fast an die Mittellinie.

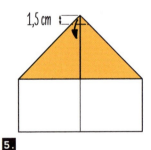

1,5 cm

5.
Falte die Spitze auf einer Höhe von 1,5 cm nach unten.

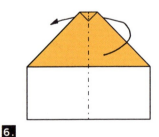

6.
Falte den Flieger entlang der Mittellinie nach hinten zusammen (rechte Hälfte hinter linke Hälfte).

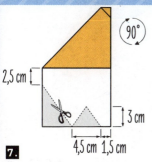

2,5 cm

3 cm

4,5 cm 1,5 cm

90°

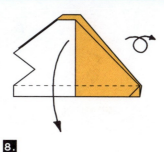

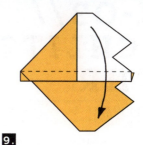

7.
Übertrage die hier dargestellten Schnittlinien so gut es geht auf deinen Flieger und schneide die Flügel sauber und vorsichtig zurecht. Drehe den Flieger anschließend um 90° im Uhrzeigersinn.

8.
Falte den ersten Flügel parallel zur Unterkante des Rumpfes nach unten. Wende den Flieger ...

9.
... und falte den zweiten Flügel wie in Schritt 8 nach unten.

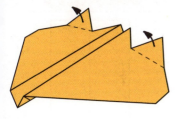

10.
Falte die beiden Höhenruder um ca. 45° nach oben und richte die Flügel entsprechend der nachfolgenden Abbildung auf. Fertig!

FLÜGELSTELLUNG & ABWURF
Die Flügel zeigen leicht nach oben. Den Rumpf in der Mitte anfassen und mit Schwung abwerfen. Experimentiere mit der Winkelstellung der Höhenruder für Loopings, Gleitflüge und zickzackartige Flüge.

K-03// SCHLITZ OHR

BORDKARTE

Dieses Modell hat zwei gegeneinander gestellte Winglets. So zieht er bei Windstille beständig seine Schleifen und wird bei leichten Winden tollkühn und unberechenbar.

Faltung:	●●●○○	Flugdauer:	●●●●○
Abwurf:	●●●○○	Geschwindigkeit:	●●●○○
Coolnessfaktor:	●●●●○	Weite:	●●○○○
Flugbahn:	akrobatisch	Höhe:	●●●○○

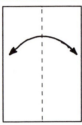

1.
Falte das Papier zunächst einmal der Länge nach mittig zusammen und wieder auseinander, sodass eine Mittellinie zu sehen ist.

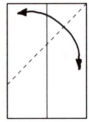

2.
Falte die Oberkante des Papiers diagonal nach rechts, sodass sie auf der rechten Seitenkante anliegt. Wieder entfalten.

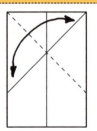

3.
Jetzt die Oberkante des Papiers diagonal nach links falten, sodass sie auf der linken Seitenkante anliegt. Wieder entfalten und das Blatt dann wenden.

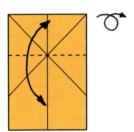

4.
Falte und entfalte die Oberkante, sodass du eine waagerechte Faltlinie erhältst, die durch den Schnittpunkt der beiden zuvor gemachten Faltlinien verläuft. Wende das Blatt jetzt erneut.

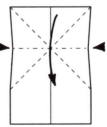

5.
Falte die Oberkante anschließend nach unten und drücke dabei gleichzeitig die Seiten mit ein.

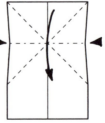

6.
Glätte die Faltungen.

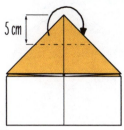
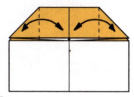
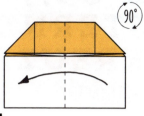

7.

Falte die Spitze auf halber Höhe des gelben Dreiecks nach hinten. Die Faltlinie ist ca. 5 cm von der oberen Spitze entfernt.

8.

Falte die beiden äußeren Ecken der oberen Lasche in Richtung Mittellinie und wieder zurück.

9.

Falte den Flieger entlang der Mittellinie zusammen (rechte Hälfte auf linke Hälfte) und drehe ihn um 90° im Uhrzeigersinn.

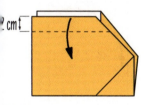
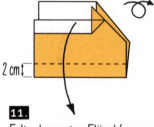
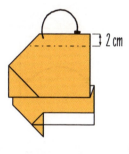

10.

Falte die Oberkante des ersten Winglets (ohne das dahinterliegende, in Schritt 8 gemachte „Ohr") um ca. 2 cm nach unten.

11.

Falte den ersten Flügel (zusammen mit dem dahinterliegenden Ohr) nach unten. Die Faltlinie verläuft ca. 2 cm über der Unterkante des Rumpfes. Wende den Flieger.

12.

Falte die Oberkante des zweiten Winglets (ohne das dahinterliegende, in Schritt 8 gemachte Ohr) um ca. 2 cm nach hinten.

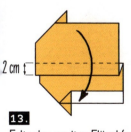

13.

Falte den zweiten Flügel (zusammen mit dem dahinterliegenden Ohr) nach unten. Die Faltlinie verläuft wieder ca. 2 cm über der Unterkante des Rumpfes.

14.

Richte Flügel, Winglets und Ohren entsprechend der nachfolgenden Abbildung auf. Fertig!

FLÜGELSTELLUNG & ABWURF

Die Flügel stehen waagerecht. Das erste Winglet steht senkrecht nach unten, das zweite Winglet und die beiden Ohren stehen senkrecht nach oben. Den Rumpf im vorderen Bereich anfassen und normal bis schwungvoll abwerfen.

K-04// STERNEN KREUZER

BORDKARTE

Man nehme einen soliden Gleiter und füge ein paar Einschnitte für Höhenruder und Turbinen hinzu – fertig ist der Kunstflieger! Je nachdem, wie dieses Modell getrimmt wird, legt es Gleitflüge, Loopings, Schleifen und Trudelflüge aufs Parkett.

Faltung:	●●●●○	Flugdauer:	●●●●○
Abwurf:	●●●○○	Geschwindigkeit:	●●●○○
Coolnessfaktor:	●●●●○	Weite:	●●●●○
Flugbahn:	gerade bis akrobatisch	Höhe:	●●●○○

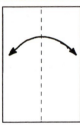

1.
Falte das Papier zunächst einmal der Länge nach mittig zusammen und wieder auseinander, sodass eine Mittellinie zu sehen ist.

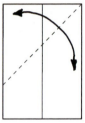

2.
Falte die Oberkante des Papiers diagonal nach rechts, sodass sie auf der rechten Seitenkante anliegt. Wieder entfalten.

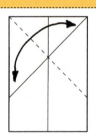

3.
Jetzt die Oberkante des Papiers diagonal nach links falten, sodass sie auf der linken Seitenkante anliegt. Wieder entfalten und das Blatt anschließend wenden.

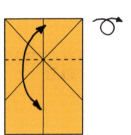

4.
Falte und entfalte die Oberkante, sodass du eine waagerechte Faltlinie erhältst, die durch den Schnittpunkt der beiden zuvor gemachten Faltlinien verläuft. Wende das Blatt.

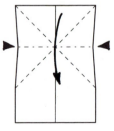

5.
Falte die Oberkante nach unten und drücke dabei gleichzeitig die Seiten mit ein.

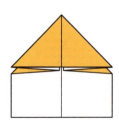

6.
Glätte die Faltungen.

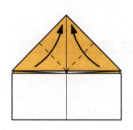

7.

Falte die beiden äußeren Ecken der oberen Lasche hoch zur Spitze.

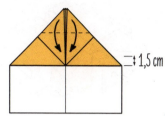

8.

Falte die beiden kleinen oberen Spitzen nach unten, sodass sie ca. 1,5 cm überhalb der Unterkante des großen gelben Dreiecks liegen.

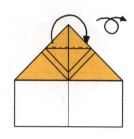

9.

Falte die Spitze nach hinten und wende den Flieger.

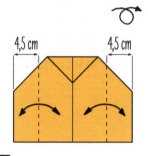

10.

Falte die Außenkanten um ca. 4,5 cm nach innen und wieder zurück. Wende den Flieger erneut.

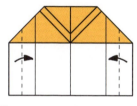

11.

Falte die Außenkanten auf die in Schritt 10 gemachten Faltlinien.

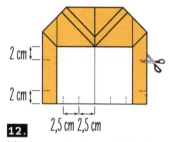

12.

Mache nun die dargestellen acht Einschnitte, jeweils ca. 1,2 cm lang.

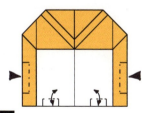

13.

Falte und entfalte zunächst die unteren Höhenruder. Drücke dann die eingeschnittenen Seitenbereiche nach innen und glätte die Faltungen danach.

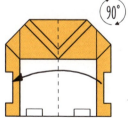

14.

Falte den Flieger entlang der Mittellinie zusammen (rechte Hälfte auf linke Hälfte) und drehe ihn um 90° im Uhrzeigersinn.

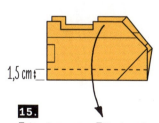

15.

Falte den ersten Flügel nach unten. Die Faltlinie verläuft ca. 1,5 cm über der Unterkante des Rumpfes. Wende den Flieger ...

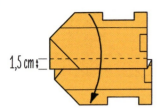

1,5 cm

16.

... und falte den zweiten Flügel wie in Schritt 15 nach unten.

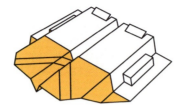

17.

Richte die Flügel und Winglets entsprechend der nachfolgenden Abbildung auf. Fertig!

FLÜGELSTELLUNG & ABWURF

Die Flügel stehen waagerecht. Die Winglets bilden jeweils 90°-Winkel. Den Rumpf im vorderen Bereich anfassen und normal bis schwungvoll abwerfen. Für Loopingflüge einfach die Höhenruder aufstellen – je stärker sie aufgestellt sind, desto kleiner wird der Radius der Loopings.

K-05//
FLIEGENDER
FISCH

BORDKARTE

Dieses interessante Modell ist schlicht und einfach, dreht sich jedoch mit beachtlicher Geschwindigkeit seitlich um die eigene Achse.

Faltung:	●○○○○	Flugdauer:	●●●○○
Abwurf:	●●○○○	Geschwindigkeit:	●○○○○
Coolnessfaktor:	●●●○○	Weite:	●○○○○
Flugbahn:	drehend abwärts	Höhe:	●○○○○

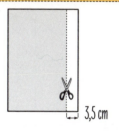

1.
Schneide sauber und vorsichtig einen Streifen von ca. 3,5 cm Breite zu. Keine Sorge, auf die exakte Breite kommt es dabei nicht an ...

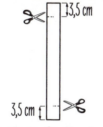

2.
Schneide den Streifen danach jeweils ca. 3,5 cm vor den Enden einmal von links und einmal von rechts bis zur Hälfte ein.

3.
Biege den Streifen und stecke die beiden Einschnitte ineinander.

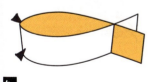

4.
Drücke die Spitze von beiden Seiten leicht zusammen, um die Form des Fisches zu bekommen.

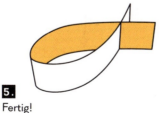

5.
Fertig!

FLÜGELSTELLUNG & ABWURF
Den Flieger an einem der Seitenränder festhalten, den Wurfarm nach oben ausstrecken und den Flieger seitlich stehend loslassen.

55

K-06//
WIRBEL
WIND

BORDKARTE

Ein äußerst wendiges Modell für kleine und große Loopings und Schleifen. Wird der Flieger steil nach oben geworfen, heißt es: Schnell in Deckung gehen!

Faltung:	●●●○○	Flugdauer:	●●●●○
Abwurf:	●●○○○	Geschwindigkeit:	●●●●○
Coolnessfaktor:	●●●●●	Weite:	●●●○○
Flugbahn:	akrobatisch	Höhe:	●●●●○

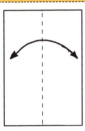

1.
Falte das Papier zunächst einmal der Länge nach mittig zusammen und wieder auseinander, sodass eine Mittellinie zu sehen ist.

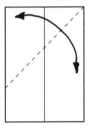

2.
Falte die Oberkante des Papiers diagonal nach rechts, sodass sie auf der rechten Seitenkante anliegt. Wieder entfalten.

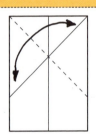

3.
Jetzt die Oberkante des Papiers diagonal nach links falten, sodass sie auf der linken Seitenkante anliegt. Wieder entfalten und das Blatt wenden.

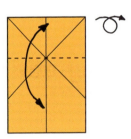

4.
Falte und entfalte die Oberkante, sodass du eine waagerechte Faltlinie erhältst, die durch den Schnittpunkt der beiden zuvor gemachten Faltlinien verläuft. Wende das Blatt.

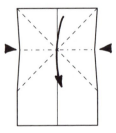

5.
Falte die Oberkante nach unten und drücke dabei gleichzeitig die Seiten mit ein.

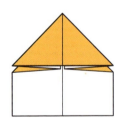

6.
Glätte die Faltungen.

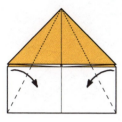

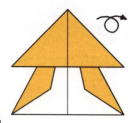

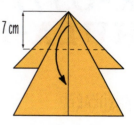

7 cm

7.
Hebe die obenliegenden Laschen leicht an und falte die beiden unten-liegenden Laschen nach innen (unter die obenliegenden Laschen). Die Faltlinien verlaufen von der Spitze bis zu den unteren Ecken.

8.
Glätte die Faltungen und wende das Modell anschließend.

9.
Falte die Spitze auf einer Höhe von 7 cm nach unten.

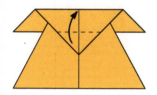

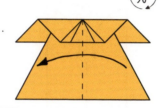

90°

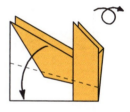

10.
Falte danach die Spitze zurück auf die Oberkante.

11.
Falte den Flieger entlang der Mittel-linie zusammen (rechte Hälfte auf linke Hälfte) und drehe ihn um 90° im Uhrzeigersinn.

12.
Falte den ersten Flügelsatz nach unten, sodass die schräge Kante des großen Flügels auf der Unter-kante des Rumpfes aufliegt. Wende den Flieger ...

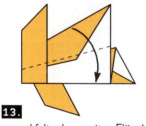

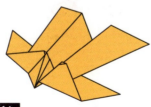

13.
... und falte den zweiten Flügelsatz wie in Schritt 12 nach unten.

14.
Richte die Flügel entsprechend der nachfolgenden Abbildung auf. Die vorderen und hinteren Flügel zeigen leicht nach oben. Fertig!

FLÜGELSTELLUNG & ABWURF
Den Rumpf im vorderen Bereich anfassen. In Bodenrichtung geworfen dreht der Flieger klei-nere Loopings, waagerecht bzw. leicht nach oben geworfen größere. Und was passiert beim Abwurf nach oben?

K-07//
HULA-LOOP

BORDKARTE

Der große Bruder des vorherigen Modells liebt
die große Bühne: Sporthallen, Parks, Wiesen ...
Du kannst dir sicher sein, hier wird er so manchem
Zuschauer ordentlich den Kopf verdrehen.

Faltung:	●●●●○	Flugdauer:	●●●●○
Abwurf:	●●●○○	Geschwindigkeit:	●●●○○
Coolnessfaktor:	●●●●○	Weite:	●●●○○
Flugbahn:	akrobatisch	Höhe:	●●●●○

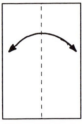

1.
Falte das Papier zunächst einmal
der Länge nach mittig zusammen
und wieder auseinander, sodass
eine Mittellinie zu sehen ist.

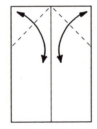

2.
Falte dann die beiden oberen
Ecken diagonal bis fast an die Mittel-
linie und wieder zurück.

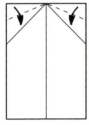

3.
Falte die beiden Oberkanten
im Anschluss auf die in Schritt 2
gemachten Faltlinien.

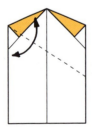

4.
Falte die linke schräge Außen-
kante auf die linke senkrechte
Außenkante und wieder zurück.

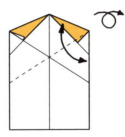

5.
Falte die rechte schräge Außen-
kante auf die rechte senkrechte
Außenkante und wieder zurück.
Wende anschließend das Blatt.

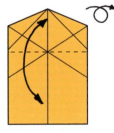

6.
Falte die Spitze nach unten und
wieder zurück. Die Faltlinie verläuft
horizontal im Schnittpunkt der
beiden zuvor gemachten Faltlinien.
Das Blatt erneut wenden.

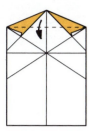

7.
Falte die Spitze nun an der markierten Linie nach unten.

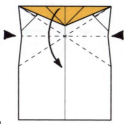

8.
Falte die Oberkante nach unten und drücke dabei gleichzeitig die Seiten mit ein. Glätte die Faltungen im Anschluss.

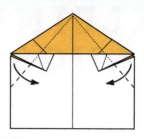

10.
Hebe die obenliegenden Laschen leicht an und falte die darunterliegenden Laschen jeweils mit der schrägen Oberkante auf die schräge Innenkante. Die obenliegenden Laschen wieder zurückklappen.

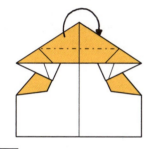

11.
Falte die Spitze an der markierten Linie nach hinten und wende anschließend das Modell.

12.
Falte den Flieger entlang der Mittellinie zusammen (rechte Hälfte auf linke Hälfte) und drehe ihn um 90° im Uhrzeigersinn.

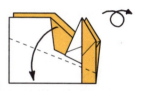

13.
Falte den ersten Flügelsatz nach unten, sodass die schräge Kante des großen Flügels auf der Unterkante des Rumpfes aufliegt. Wende den Flieger dann...

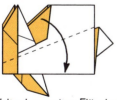

14.
...und falte den zweiten Flügelsatz wie in Schritt 13 nach unten.

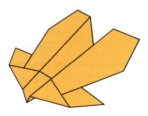

15.
Richte die Tragflächen entsprechend der nachfolgenden Abbildung auf. Die vorderen und hinteren Tragflächen zeigen dabei leicht nach oben. Fertig!

FLÜGELSTELLUNG & ABWURF
Den Rumpf im vorderen Bereich anfassen. Für Loopings den Flieger waagerecht bzw. leicht nach oben gerichtet mit viel Schwung abwerfen. Für Schleifen steil nach oben und dabei nur leicht nach vorne abwerfen.

KLEINE FLUGSCHULE

AERODYNAMIK

Schwerkraft, Schubkraft, Auftrieb und Luftwiderstand – diese vier Kräfte wirken stetig auf den Papierflieger ein und ermöglichen ihm das Fliegen. Die allseits bekannte **Schwerkraft** zieht den Flieger nach unten. Die **Schubkraft** wird vornehmlich durch den Abwurf generiert und treibt ihn voran. Dadurch wiederum entsteht ein **Auftrieb** an den Flügeln bzw. Tragflächen, der ihn nach oben treibt. Gleichzeitig wird der Flieger dem **Luftwiderstand** ausgesetzt, der ihn abbremst. Dieselben Kräfte wirken übrigens auch auf Flugzeuge. Doch weil ein Papierflieger im Gegensatz zu einem Flugzeug weder Propeller noch Turbinen besitzt, um konstant neue Schubkraft und neuen Auftrieb zu entwickeln, wird der Papierflieger früher oder später von der Schwerkraft angezogen zu Boden gleiten. Nichtsdestotrotz: Ein Papierflieger versucht stets sein Bestes, um die optimalen Flugwerte herauszuholen. Und genau hier kommen die Modellanleitungen ins Spiel.

KRAFTWIRKUNGEN BEIM FLIEGEN

AUFTRIEB

LUFTWIDERSTAND

SCHUBKRAFT

SCHWERKRAFT

AUFBAU EINES PAPIERFLIEGERS

Die Vielfalt unterschiedlicher Flieger ist enorm. Dagegen ist die Menge an Bauteilen glücklicherweise recht überschaubar. Nicht alle Bauteile müssen bei jedem Flieger vorhanden sein, außerdem sind sie je nach Design mal mehr, mal weniger stark ausgeprägt. Bestimmte Grundfaltungen tauchen regelmäßig auf, und spätestens wenn du dieses Buch durchgearbeitet hast, solltest du anhand der erlernten Faltungen in der Lage sein, deine eigenen Papierflieger-Entwürfe zu machen.

BAUTEILE EINES PAPIERFLIEGERS

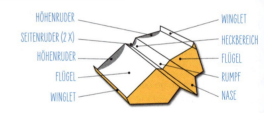

HÖHENRUDER

SEITENRUDER (2 X)

HÖHENRUDER

FLÜGEL

WINGLET

WINGLET

HECKBEREICH

FLÜGEL

RUMPF

NASE

TRIMMEN

Du hast deinen Flieger exakt gefaltet und trotzdem ist er noch etwas wackelig auf den Beinen? Kein Problem, zwar gibt es bei Papierfliegern keine Fluggarantie, aber mit den richtigen Kniffen lassen sich die Mängel rasch beheben. Diese Feinabstimmung bezeichnet man auch als „Trimmen".

• Beim **„Nicken"** dreht sich der Flieger um seine Querachse, d. h. die Nase hebt oder senkt sich. Falte die hinteren Kanten der Flügel leicht nach oben bzw. unten und schon sollte der Flieger gerade in der Luft stehen.

• Beim **„Rollen"** dreht sich der Flieger um seine Längs-achse, d. h. ein Flügel hebt sich und der andere senkt sich. Abhilfe leistest du, indem du die Flügel im gleichen Winkel vom Rumpf und leicht y-förmig aufstellst.

• Beim **„Gieren"** dreht sich der Flieger um seine Hoch-achse, d. h. er driftet nach links oder rechts ab. Falte in diesem Fall die hinteren Kanten des Rumpfes leicht nach links bzw. rechts.

Das bedeutet, dass du im Grunde jeden beliebigen Pfeil oder Gleiter zu einem Kunstflieger umfunktionieren kannst, wenn du ihn nur richtig trimmst.

WERFEN

Die optimale **Griffposition** eines Fliegers ist meist dort, wo sein Schwerpunkt liegt. Balanciere den Flieger mit der Unterkante des Rumpfes auf dem ausgestreckten Zeigefinger aus. Dort, wo der Flieger die Balance hält, hältst du ihn zum Abwurf fest.

Das Werfen an sich erfordert ebenso viel Training und Fingerspitzengefühl wie das Falten. Es gibt verschied-ene Wurftechniken und oftmals führen nur kleine Ver-änderungen in der **Abwurfgeschwindigkeit** oder dem **Winkel** zu völlig anderen Flugergebnissen. Das kann manchmal etwas frustrierend sein, birgt aber auch immer wieder freudige Überraschungen. Experimentieren lohnt sich! Pfeile werden meist etwas kräftiger abge-worfen als Gleiter. In der Regel führt ein zu schwacher Abwurf dazu, dass der Flieger keinen Auftrieb be-kommt und direkt absinkt, während er bei einem zu starken Abwurf zwar schnell losdüst, dann aber ebenso schnell wieder abstürzt. Wie so häufig gilt es auch hier, die goldene Mitte zu finden. Zum **Abwurf** solltest du (sofern in den Anleitungen nicht anders ange-geben) leicht seitlich stehen. Der Ellenbogen ist beim Ausholen angewinkelt und die Wurfbewegung erfolgt aus dem ganzen Arm heraus. Nimm nach dem Loslassen den Arm nicht abrupt herunter, sondern ziehe ihn möglichst in Wurfrichtung weiter.

Am Ende jeder Modellanleitung findest du Tipps zur richtigen **Flügelstellung** und Wurftechnik. Bedenke dabei, dass sich die empfohlene Flügelstellung immer auf den fliegenden und nicht auf den noch festgehaltenen Flieger bezieht. Nach dem Abwurf spreizt sich nämlich der Rumpf vieler Flieger noch etwas auf und lässt die Flügel dann weiter nach unten stehen als gedacht. Plane das bei der Ausrichtung der Flügel ein.

FLUGBEDINGUNGEN

Viele Papierflieger entfalten ihren Zauber am besten in großen, windstillen Räumen, z. B. einer Turnhalle. Aber natürlich lässt sich auch zu Hause oder in anderen Räumen eine super Flugshow veranstalten. Windstilles Wetter? Dann ab ins Freie – in den Garten, den Park oder auf den Fußballplatz. Schon leichte Winde haben großen Einfluss auf die Flugeigenschaften, was zu spektakulären Flügen, aber auch zu wilden Crashs führen kann. Die auf den **„Bordkarten"** vermerkten Flug-werte beziehen sich übrigens auf Flugtests in einer großen Turnhalle. Je nachdem, wo du deine Flieger starten lässt, können die vorherrschenden thermischen Bedin-gungen zu anderen Ergebnissen führen.

Darüber hinaus sind Papierflieger nicht dazu bestimmt, alt zu werden. Jungfernflüge düsen ab über den Zaun, Sturzflüge stampfen spitze Nasen ein, Dauerflugbetrieb sorgt für Spannungsverlust in der Konstruktion, hohe Luftfeuchtigkeit lässt die Flügel durchhängen ... Aber alles halb so wild, denn den Nachschub aus hauseigener Produktion hast du ja selbst in der Hand.

Wichtig: Auch Papierflieger können gefährlich sein! Bedenke vor jedem Start, dass insbesondere die spitzen Nasen ernsthafte Verletzungen verursachen können. Wirf deine Flieger also niemals in Richtung anderer Menschen oder Tiere und auch nicht in Richtung sonsti-ger Gegenstände, die Schaden nehmen könnten.

ÜBER DEN AUTOR

Thade Precht lebt und arbeitet als freischaffender Produktdesigner, Grafikdesigner und Kreativbuchautor in Berlin. Dabei widmet er sich mit seinem Büro Thade Precht Playful Design – kurz TPPD – vorzugsweise spielerischen Themenfeldern. Ende 2011 gründete er Knot*Knot, ein Designlabel für handumknüpfte Kabelprodukte, das er bis heute leitet. „Papierflieger" ist sein fünftes DIY-Buch.

DANKSAGUNG

Herzlichen Dank an alle Leser dieses Buches – auf dass ihr
dieselbe Freude und Begeisterung am Falten, Werfen und Bestaunen
von Papierfliegern habt wie ich.

Vielen Dank an den Campus Rütli – CR^2 für das freundliche
Ermöglichen der Flugtests in der Quartierssporthalle.

Lieben Dank an Susanne fürs Rückenfreihalten und an meinen
kleinen Sohn Thaddeus für seinen überschwänglichen Kommentar
„du baust sooo super Papierflieger, Papa, superschön!" :-)

IMPRESSUM

Bibliografische Information der Deutschen Bibliothek.

Die Deutsche Bibliothek verzeichnet diese Publikation in der deutschen Nationalbibliografie. Detaillierte bibliografische Daten sind im Internet über http://www.d-nb.de/ abrufbar.

EIN BUCH DER EDITION MICHAEL FISCHER

1. Auflage 2016

© 2016 Edition Michael Fischer GmbH, Igling

Covergestaltung: Silvia Keller, Verena Raith
Redaktion und Lektorat: Charlotte May, Saskia Wedhorn
Layout und Satz: Michaela Zander
Falt-Illustrationen: Thade Precht; Autorenfoto: Henrik Neuke

Bildnachweis: Umschlag: © Leeloo Molnar; Umschlag unten mitte: Zaitsava Olga/Shutterstock; S. 4, S. 13, 27, S. 40: © Cool Vector Gallery/Shutterstock; S. 7, 19, 29, 44, 49: © HelenField/Shutterstock; S. 7, 29: © chotwit piyapramote/Shutterstock; S. 9, 22: © CosmicLatte/Shutterstock; S. 11, 16, 36, 47, 52, 58: © in-art/Shutterstock; S. 11, 32, 54: © mhatzapa/Shutterstock; S. 22, 47: Bukavik/Shutterstock
Vorlagen: P-01, P-05, P-06, G-01, G-04, G-09, K07: © ExpressVectors/Shutterstock; Freie Vorlagen (in dieser Reihenfolge): © Radiocat/Shutterstock; © Magnia/Shutterstock; © Alhovik/Shutterstock; © 19srb81/Shutterstock; © Miloje/Shutterstock; © PGMart/Shutterstock; © Rodin Anton/Shutterstock; © Alex Gontar/Shutterstock; © cepera/Shutterstock; © Samolevsky/Shutterstock; © Curly Pat/Shutterstock; © AKSANA SHUM/Shutterstock; © ilolab/Shutterstock; © AKSANA SHUM/Shutterstock; © Curly Pat/Shutterstock; © victoria pineapple/Shutterstock; © 19srb81/Shutterstock; © Magicvector/Shutterstock; © Curly Pat/Shutterstock; © Yorri/Shutterstock; © svaga/Shutterstock; © Snezhana Togoi/Shutterstock; © mystel/Shutterstock; © orangeberry/Shutterstock; © gudinny/Shutterstock.

ISBN 978-3-86355-577-1

Printed in Slovakia

www.emf-verlag.de